Ao norte, ao chão

Ao norte, ao chão

Laís Ferreira

© Moinhos, 2017.
© Laís Ferreira, 2017.

Edição:
Camila Araujo & Nathan Matos

Assistente Editorial:
Sérgio Ricardo

Revisão:
LiteraturaBr Serviços Editoriais

Diagramação e Projeto Gráfico:
LiteraturaBr Serviços Editoriais

Capa:
Sérgio Ricardo

1ª edição, Belo Horizonte, 2017.

Nesta edição, respeitou-se o novo
Acordo Ortográfico da Língua Portuguesa.

O48a
Oliveira, Laís Ferreira | Ao norte, ao chão
ISBN
CDD 869.91
Índices para catálogo sistemático
1. Poesia 2. Poesia Brasileira I. Título

Belo Horizonte:
Editora Moinhos
2017 | 64 p.

Todos os direitos desta edição reservados à
Editora Moinhos
editoramoinhos.com.br
editoramoinhos@gmail.com

Rua Gustavo Ladeira, n. 11, 506/01
Paquetá — Belo Horizonte — MG
31.330. 572

Sumário

A maré, 7
Hoje não falaremos de amor, 8
Percurso, 10
A pesca, 12
Baía, 14
Breve será dezembro, 15
Copas, 17
Cordeiro de São João, 18
Bilhete, 20
Capão Raso, 22
Dois vales, 23
Este novembro, 24
Formatura, 25
Impedimento, 26
Rua São João, 27
Motim, 28
O chamado, 29
Oriente, 31
Os sem nomes do amor, 32

Pérola, 34
Prática um, 35
Prece na ilha, 36
Previsão, 37
Quadrilha, 38
Retorno, 39
Revoada, 40
Ribeirão, 41
Rabisco, 42
Simpatia, 43
Soleira, 44
Última canção de adeus, 45
Começo, 47
Sudoeste, 48
Voo rasteiro, 49
Vizinhança, 50
Uma canção de amor, 51

A maré

Neste volume dos bolsos, aguardo
um maço de lenços, um raio
para que se ilumine, irradie
a junção das vértebras

a instabilidade dos homens,
a estabilidade tardia da fé.
Meus amigos foram às ilhas,
ilhas se perdem na paisagem

enquanto ainda a chamamos
sabendo que há fronteira, tráfego
lixo amontoado, as liquidações
a insistirem que a continuidade

constitui um sentença sem juiz.
Amanhã virá, é claro, o sol
estará lá, como o mar e a terra
talvez mais sujos, talvez o barro

não apareça tanto. As marés
parecem dizer algo de amor.
Hoje se cruza a costa, navega-se
amanhã, impossível molhar os pés.

Hoje não falaremos de amor

Hoje não falaremos de amor.
Não que não nos interesse:
é claro, na manhã passada
um beija-flor alcançou a beira

do nono andar. A escuta
alcançou a paciência do outro.
Trançamos nossos cabelos,
os rostos pedem este vento

calma e alguma ternura.
Mas não falaremos de amor.
Os homens estão errados,
as flores morrem na rua

e nos livros que lemos
a realidade parece incrédula
frente à própria ficção.
A palavra segue no bolso

como um recado, receita
para cozinhar legumes
sem que percam a água
proteínas. Hoje, quebramos

o primeiro ovo podre
desde quando partilhamos
este alimento, esta esperança.
Mas não falaremos de amor.

O que nos cerra os olhos
revela o imenso brilho plural
que nos visita. Este mistério
é mais amável e frágil

que nossas palavras surdas
apreenderam nos índices
prontos do mundo. Amar
é escapar à própria fala.

Percurso

Esta é a estranha ternura
dos versos. Sempre em
devir. Nunca sequentes
lógicos instrutores firmes

ordenadores de um mundo
aqui fragmentado. A divisa
de um verso é um abismo,
um vale fundo de um rio,

que hoje acolhe a sede,
amanhã o caminho curto
dos pés até a outra margem.
Estes pequenos degraus

às vezes cansam, outras
noites permitem sentar,
refrescar na ardósia fria,
fortalecer estas pernas.

Um verso é próximo ao chão,
embora se escalone ao céu.
O verso reconfigura a distância:
aproximam-se esses países

e esta quebra elide mapas.
O nome do amor observa:
à margem esquerda se apoia
e sabe do ombro a extremidade

semelhante a esta linha
em que não vamos ao fim
para que se possa respirar
e haja ainda o que seguir.

A pesca

Ontem um professor me disse
que só 2 entre 10 pescadores
sabem e se arriscam a nadar.
Como uma espécie solene

de respeito, os corpos atentos
apreenderam a gravidade nula
do que lhes sustenta. O berço
próprio da vida, onde mergulhar

seria arranhar a membrana. Beber
do sangue que corre nas veias,
sorver das vigas que sustentam
a casa, o sonho, a persistência.

Nesta beira, há algo próximo
à matéria do amor. Deste lado,
a imagem cuidadosa é cristalina,
um instrumento que agora penteia,

reflete e trança os cabelos.
Submergir, porém, talharia finas
assinaturas, datas, dois pedidos
em que não mais se veria a manhã

com esta luz que nos envolve
sem que seja necessário fogo,
casca, poeira ou outro artifício.
A matéria do amor se apresenta

como as redes, as iscas, as buscas
próximas ao mar. Estas mãos
apenas seguem nos bolsos e veem
sal e ondas no cultivo do outro.

Baía

Os barcos, não os impetuosos
esses a dizerem navegar é preciso,
estes aqui submersos divididos
neste teto assoreado onde

apenas se veem fragmentos
do espaço onde havia bússola,
alguém comentava do enjoo
outro pescava em silêncio.

Agora, uma gaivota caminha
não à procura de alimento, claro,
mas como o perdão misericórdia
necessários à despedida e à paz.

No cemitério dos barcos mortos,
ninguém vela, traz flores, chora.
Há apenas destroços que camuflam
sal e esquecimento na Guanabara.

Breve será dezembro

Em breve, completaremos uma semana
desde que decidimos este namoro.
Com os olhos de fora, pouco mudou.
Ainda descasco laranjas, parto-as

e, ao separar a tampa, eu engulo
as duas partes deste fruto em dois.
Ainda agora, eu também carrego
as sacolas, os pesos, os embrulhos,

como se enganchassem nos dedos,
nestas mãos que, próximas ao sol,
parecem não poder muito além
do trabalho, da persistência, do pó.

Pelos olhos de dentro, porém, vejo
esta laranja que não me alimenta
sozinha. Esta fruta agora se divide,
e estas mãos tecem silenciosamente

formas de contato invisíveis ao verbo.
Aqui se colocam ligeiras, entregues,
imaginam planetas, contam histórias,
colocam-se à espreita de um mundo

mais amplo e vivo que o mundo.
Nossos signos são desconhecidos:
é preciso inventar este contato,
esta maravilha de descansar junto,

ainda que este corpo doa. As costas
curvadas por se sustentarem aqui,
estes ombros por não acolherem
senão as alças e mangas das roupas

com as quais persistimos nestas ilhas.
Nenhum barco nos cruza os portos:
nosso mar pertence aos estrangeiros
ao visitarem o que não os pertence.

Copas

Com as malas já feitas,
compro as plantas que vivem
mesmo sem que eu as regue
feito esses que resistem vivos

entre as folhas, entre as flores
(os mortos seguem serenos).
É muito cedo: o sol se esconde
sob as nuvens que matam a sede.

É tarde: precisamos torcer a roupa
e deixar os pedregulhos à margem
dos homens que atravessam a rua
e evitam a cordialidade dos olhos.

Mas ainda viveremos. Do nosso lado,
uma mulher sóbria canta baixinho,
outra joga um baralho sem valetes
e seguimos à procura de curingas.

Cordeiro de São João

Hoje amanheceu nublado,
mas não frio. Estas nuvens
não parecem o suficiente
para que se reduza o calor,

algo como quando é noite
e, ainda assim, há chamas
e chagas neste peito-ninho,
em que nascer e partir

são duas faces da aurora
e é difícil encontrar o nome
para as cartas de amor.
Acho que os dias assim

são como as cartas de amor.
Se eu lhe escrevesse, seria
colocar nuvens, os rios
outra vez seriam opacos,

ainda que este desejo
fosse o do corpo que sua,
que aguarda mergulhar.
Ainda agora, as escadas

acolhem quem carrega
armários copos ventiladores
e eu penso se é corajoso
mudar para outro lugar

quando amanhece nublado.
Desconheço o nome que vê
o meu rosto no elevador.
Estas câmeras e avisos

que pululam cerceiam punem
parecem ensinar o medo
do nome do outro. Eu penso
em lhe dizer sobre as nuvens

dos riscos de morar aqui
onde a água, o gás, a luz
acabam sem explicações
e, à noite, ouvimos surdos

os lamentos próximos dos bares
e das três igrejas contíguas.
Talvez hoje eu vá aos bares,
embora ache triste a rotina

dos que sentam ali certos
que nos dias nublados o corpo
não chega. Talvez as igrejas
também permitam que eu sente

se eu concordar em pagar a conta.
Hoje amanheceu nublado e olho
as cores do mar do mesmo lugar
onde ontem era possível pescar.

Bilhete

Guardo comigo a ternura
dos seus olhos difíceis,
onde eu posso me perder,
ou decidir apenas desenhar

num caderninho cuidadoso,
as transparências e poços claros
cuja beleza talvez evite
que percebamos a profundidade

e o risco de molhar os pés.
Hoje, já não faz frio e penso
nas palavras que lhe atirei
como quem, depois do mato,

parece procurar gravetos
folhas e pequenos animais
entre os fios de cabelo
a fim de que a vida prossiga

sem o risco de carregarmos
conosco a beleza do que é vivo.
Nesta manhã, eu gostaria
de escrever uma carta de amor.

Eu deva, ainda, escrever cartas
de amor, como a minha mãe disse,
como Pessoa deu a benção
aos ridículos que Bethânia

coloca no colo, canta, cuida
e encoraja a seguirem
vivendo como párias e poucos
dispostos a uma palavra aberta.

Eu lhe peço agora perdão
pelos nomes, pela rosa desfolhada.
Mas, olhe, a luz ainda brilha
nas cidades que passamos

e o sol amanhece e se põe agora
entre os morros, entre os rios.
A vida, ela mesma, resiste
e permite uma canção para nascer.

Capão Raso

Aqui se torna possível
dobrar papéis, colher
pequenas pedras o ar
em técnicas de respiração

como esses bravios
dos argumentos datas
notícias bulas receitas.
A delicadeza não tem

nome, não calça botas,
e ao ver mapas hesita
diante das escalas.
Como é possível traçar

retas representar o mar
na fixidez das paredes
ou nos bolsos urgentes?
Nada se explica: a hora

atende atenta ao todo
em que se faz malas
ciente que esta luz
retorna por ser viva.

Dois vales

Disseram que o medo de altura
era dos mais graves. Erraram:
este temor da chuva embrutece
mais anos e noites fechadas

quando distanciados da terra
ainda seria possível saciar
alguma sede, alguma semente.
Este medo da chuva enrijece:

as fraturas da pele esculpem
vales silenciosos do cansaço.
Voltaremos ao início, é claro:
os que temem a chuva vagam

com dois olhos baixos na terra
à procura de fendas partidas
onde ainda se encontre água
na mesma matéria dos pés.

Este novembro

Desde ontem, parece que entre nós
algo do mar se afogou nesta ternura,
na antiga ternura dos lençóis pias pés,
onde, de repente, abríamos a porta,

cuja soleira já se deteriorava por pó
mofo, perda, realidade. Este sal
não é grosso: não nos protegerá
ou afastará dos males do mundo.

Este sal é comum, como o dos outros,
o sal que se retira do leito, do berço,
onde o cotidiano tenta nos navegar.
Mas, veja, não só do sal vive o mar:

hoje já amanheceu claro, a manhã,
esta aurora teima em nos encontrar.
Na curva deste mar, há a foz do rio,
há toda gente que se banha, a sede

que, outra vez, torna a água doce,
torna possível pescar, estender
as mãos, os ombros, este sonho.
De repente, não nos assustaremos

com o sal das ondas de dentro.
Com braçadas longas, devagar
apreenderemos outra vez a aliança
dos que navegam sem saber nadar.

Formatura

Meu mais sincero reconhecimento
àqueles que se encorajam ao ver
vitrines números de sapatos preços
etiquetas o tamanho certo o tamanho

dos braços sobre os panos. A medida
dos passos sobre as ruas. A cintura
onde se apertam os corpos os bolsos
e alguns metros de tecidos perdidos

entre forros e forros de cortes punhos
e outras medidas graves e certeiras.
Estes tamancos de madeira padecem
do mal próximo às portas dos edifícios

e das repartições onde o gosto do café
é o mesmo gosto do café de ontem
e o mesmo gosto do café de amanhã.
Ainda que se esperem o natal liquidações

a venda que nos satisfaz parece ainda
a que protege os olhos descansa vela
em noites de enfeites pobres e frágeis
como as estrelas que desenhamos

sem contorno, lantejoulas, bordados.
Acaso, em vestidos simples, os ombros
ainda permanecem abaixo do rosto
e com a elasticidade desta dança?

Impedimento

Agora é muito claro:
tememos esse chamado
do povo brasileiro. O povo
nesta alba já de sombras

parece revirar-se, correr
contra um nome, categoria
que aperta os cintos, abotoa
todos os pontos da camisa

que só quando aberta permite
a chancela do sol, o mistério
da lua. Agora, é muito escuro.
Aquela flor morre na rua,

os demagogos e os céticos
seguem de mãos dadas.
A esperança é um louva-a-deus
do tamanho de um inseto.

Rua São João

Um dia, o retorno
será ao avesso:
a partida, o início
do cais, duas fitas

com que se tece
um remendo firme.
Estes sapatos pisam
delicados, tateiam

jardins selvagens,
conversas livres,
frutos sem nome.
Acaso esta rua

guarda outro perigo
senão sombrinhas
abertas sob marquises?
É velho o segredo:

quando chove, ver
ainda protege mais
que os bolsos secos
e os ombros cobertos.

Motim

As apostas ainda possíveis:
cinco cartas sem resposta,
um manifesto sem líderes,
uma conta que não se paga.

As perdas, todas nossas,
mal se notam, contabilizam.
Há um banco dos insones,
débitos da palavra às pressas?

Nenhum dos mapas contém
tracejados ou marcas de corte
como os pontilhados da infância
traçados incompletos ao porvir.

Os erros se multiplicaram.
Há, porém, ainda sete dias,
sete pecados e uma medida
para que se controle o sangue.

Os pontos de escuta são
a generosidade dos cansados.
Afinal, há comunhão maior
que entre joelhos rotos e poeira?

O chamado

Alguém atende um telefone
público. Um telefone a soar
entre rostos apressados, pernas
que tropeçam ocupadas, a vida

sempre urgente e os sonhos
como quem almeja apenas
camarão empanado a quilo.
Quem ligou a este terminal

em que se está sempre
de partida? Qual o desejo
nesta fala misteriosa afoita
disposta a contar notícias

a um estranho curioso?
Penso no que conversam:
o melhor horário para ir,
a melhor data para voltar?

Ou, talvez, debrucem-se
sobre o preço das coisas,
o peso-fardo das coisas,
cujos ombros não pertencem

a uma identidade, vizinhança
mas invadem as unhas, os dedos
de todos que acordem cedo
e vivem sob a incógnita do mal.

Queria dizer-lhes: acolhe!
escuta o lamento, a ternura
não se constrói nos fatos,
mas no acaso que a aceita.

Oriente

É claro que morrerei.
Chegarei ao cabo, ao fim
como as plantas os cactos
os gatos e os livros

amontoados no espaço
esperando que deteriorem
ou que sejam substituídos.
Disso se trata, é claro,

ocupar e partir habitats,
juntar poeira, deixar
marcas como um batom
mal passado na camisa.

Estas anotações claras
estarão amarelas o mofo
além das bananas, o mamão
cairá pendido e veremos

pontos pretos espalhados
amontados com os recados
não ditos, enjoadinhos, diretos.
Por essa ventura, o final

é a certeza dos otimistas.
Enquanto isso, agora
a liberdade é episódica:
a fé, a imagem e o verso.

Os sem nomes do amor

Daqui, deste lado, eu deveria dizer-lhe
que algumas chuvas são impossíveis
de guardar, colocar no canto esquerdo
da porta ou do peito ou que o vento

neste quarto não se filtra. Atravessa
como é próprio às coisas doces,
e vivas. Do trajeto até o porto,
eu vi que há homens que viajam

com ventiladores sob as axilas
e quase entendi os que bebem
nas mesmas manhãs e nos olhos
com ressacas maiores que o mar.

Hoje, sabemos que os cantos do outros
não pedem palavras, tradução, nome.
É mais precioso correr com vestidos
de cores distintas do tom da terra.

É triste, mas não somos a terra:
não retemos poeira, grão e cal.
O que cai em nós não germina,
não há morte precursora da vida.

No entanto, sob as unhas descansam
um verso por quem se foi, a esperança.
Nenhum nome do amor nos anima.
Silenciosos, desamarramos os sapatos

e esta aliança nasce antiga,
semelhante aos passeios invisíveis,
em que tentamos, uma vez mais, ver
nesta nossa rua onde nada é novo.

Pérola

Nunca a chuva saciou
a sede própria do rio.
Este rio apenas segue
pelos mesmos cursos

nesta terra de meandros.
Nunca a chuva lavou
a poeira das nuvens.
É possível apenas cair

do ventre solto no ar.
Nunca a chuva tornou
doce a tormenta do mar.
A água e estas marés

acolhem o que despenca
do céu, como as estrelas
que caem e são os alvos
dos pedidos dos insones.

Nunca a chuva impediu
que a terra se secasse.
Sob as ondas, náufragos
levam conchas nos bolsos.

Prática um

Aqui se anuncia um curso de refrigeração.
Como não seria bom optar pelos manuais,
pelas prateleiras, fios, gavetas, encaixes
alguns plásticos, muitas caixas, alicates

e algumas chaves sem função maior
que unir partes mecânicas e roldanas.
Imaginar a vida assim: algo a estragar,
algo ainda a ser conversado por gelo.

Guardaríamos, enfim, o que é possível
em vasilhames adequados a preservar
nada além do que é possível consumir.
À noite, saberíamos que a luz acenderia

sempre quando abríssemos a porta
com o motivo prático de matar a fome
que não ultrapassaria o próprio órgão
e a confiança em enzimas conhecidas.

Prece na ilha

Há bem poucas coisas perdidas.
Um desejo de juventude porosa,
uma última canção de amor,
um corpo que rompeu limites.

A este instante silencioso, lançamos
uma prece por quem se vai
e a misericórdia de nós mesmos.
Não venderemos poemas. O mundo

demonstrou a maldade e o egoísmo
recorrente mesmo em mãos pequenas.
Ainda iremos à ilha: há as noites
em que sonhamos em bancos baixos

para observar a vida comum.
Faremos setas sob os gritos,
sob a luz a atravessar despedidas.
Não ocultemos a verdade em papéis:

há sangue nos meninos que nascem,
no corpo impróprio da mulher,
nos que choram ao engano.
Não por acaso, rezamos de joelhos.

Previsão

Um dia iremos
mascar chicletes,
amarrar os cabelos,
desamarrar os tênis.

Um dia veremos
a arruda no pé,
a agenda sem datas,
os trevos com folhas.

Um dia seremos
poetas sem versos,
mares sem marés,
esperas sem tempo.

Quadrilha

Aqui estamos com algumas apostas:
nenhum lançamento de dados vibra
apenas pelo torpor dos acasos e sorte.
Há algoritmos, probabilidades, senhas

não inteligíveis por nós cheios de corpo.
A festa há muito acabou: os homens
correm cegos e cansados com caspas
e a pele que se deteriora e se destrói

como nossa casa que parece abrigar
o mundo que desaba sobre ombros.
A medida do lar encharca os olhos:
beberemos a saliva que padece da sede,

construiremos barcos com vértebras
e, no limite da dúvida, escolheremos
as cartas nunca abertas e os versos
embrulhados por tapumes e destroços.

Próximo ao fim, alguém ainda canta
e joga flores de plásticos nesta terra.
Quem nos disse que toda primavera
é feita de tato, matéria e espírito?

Retorno

Não retornaremos a casa:
algumas aldeias se expandiram,
aprenderemos a carregar pedras,
a guardar poemas nos olhos

neófitos ao voltar à terra.
Somos velhos e cansados:
qual bandeira podemos seguir?
Os que encontramos na rua

acenam com a cabeça baixa,
talvez nos estranhos ângulos
com os quais agora vemos
a origem indócil do mundo.

Depois da morte, chove
nossas escolhas maduras.
O amor alcança sem promessa
no limite de nossos espelhos

despedaçados em maio.
Nada podermos querer:
com que canção guardamos
este silêncio frio das horas?

Revoada

O pouco que sobra:
três esperanças quietas,
uma carta não aberta,
uma canção popular

que, como nós, canta
aos silêncios não findos.
Estamos forte: seguiremos
cansados e com olhos ternos.

A rua não mais se abre:
a pele dos pés íntegra
caminha próxima à grama.
Não temos muito a esperar:

escolhemos serenos perder.
Os que amamos seguem livres:
temos estrelas nas costas
e, à noite, brilha o tempo

da paz sem nome dos vencidos.
Corre em nós o mar: leva
o gosto salgado da cidade morta,
o mergulho doce da vida aberta.

Ribeirão

Largado o ano, iniciada
a corrida. Largos passos
recodificam a terra, o chão
sob movimentos afoitos.

A porta já estava aberta:
alguém olhou para baixo,
outro pediu silêncio e fé
e já sabíamos de umidade

e fungos antes de agora.
Nascer é comprido, curto
é o coração vazio do homem,
onde vagas e marés apontam

para ciclos medidos à vista.
Escuta, este nascimento
aguardava amarelo aflito
sob papéis e progressos.

Nenhuma das ilhas ensina:
beber desta água não sacia
quando tormentas solicitam
membros que saibam nadar.

Rabisco

Há os delicados, é claro.
Esses que se emocionam
em ruas cheias, o mundo
abarrotado de gente alerta,

apesar desta lanchonete
persistir neste vendedor
cujo sorriso pergunta
como vai tudo joia

como o honesto cúmplice.
E quase nos lembramos
da honestidade, suspensa
como são os desenhos

feitos à correria simples
para preenchermos o som
silencioso das conversas
ao telefone. O corpo

das conversas ao telefone
não elide abismos, embora
navegue entre dois mares,
entre duas estrelas perenes.

Simpatia

A aposta pelas coisas frágeis:
dois lenços de papéis dobrados,
cartas em envelopes sem selos,
cabelos que não se embaraçam.

À aposta pelas coisas frágeis:
barcos de cascos enferrujados,
velas que queimam sem castiçal,
dedos separados pelo equilíbrio.

A aposta, pelas coisas frágeis:
nenhuma sorte pode ser lançada,
nenhuma matéria corporiza o tempo,
nenhum limite é o teto deste céu.

Soleira

Não se circunscrevem limites.
Não por acaso, avistar o mar
é crer no horizonte em risco.
Não carrego nada nos bolsos:

a noite nos trouxe água,
o cansaço ensinou ternura.
É o tempo dos papéis brancos
desprendidos de construções.

Quebramos os copos. A sede
não se satisfaz em colheitas.
São nossas as luas miúdas,
são nossos os lugares menores.

Ainda não sabemos cantar:
guardamos um verso inescrito,
pisamos com pés descalços,
e evitamos o nome da aurora.

Última canção de adeus

Sobre nós, o inverno se lança.
Não desata ainda a angústia,
a espera, a tristeza, a ausência.
Porém, como corajosos e poetas,

tentamos o brilho, a flor, o canto.
A fraternidade e a escuta vivem
e possibilitam consigo a resiliência.
Esta minha casa não tem paredes:

caíram na rua dos homens,
junto com nossos armários,
escrivaninhas, portas, identidades.
Há perdas rápidas e imensas:

ainda avistamos a juventude,
mas os cabelos embranquecem,
a pela está gasta e vermelha
e é impossível atravessar o cais.

Próximo à morte, ressuscitamos:
veja as plantas que vivem sem água,
as imagens dos que não se esquecem,
nossos corpos mergulhados no mar.

Há dentro de nós quatro luas,
um verso por quem morre
e ondas que já não se quebram
quando se alteram as marés.

À nobreza da vida e do mundo,
estendemos as mãos e nosso ventre.
Não mais haverá noite e neblina.
Sob destroços, somos os que nascem.

Começo

Melhor seria voltar ao começo.
Mas como? se nossas calças
antigas xadrezes lilases não servem
mais como os sapatos brancos

agora muito sujos de barro
lama feno poeira molho graxa.
Melhor seria voltar ao começo.
Mas como? nossa idade canta

e já desenhamos mapas trenas
mensuram esta aguda distância
com a qual direcionamos aflitos
o tempo da espera, os lóbulos

da orelha já estão queimados.
Melhor seria voltar ao começo
retroceder a sequência da corda
os mecanismos roldanas teclas

agora a substituir os sentidos
as janelas a história esta chave.
Neste meio, seguimos órbitas
na esfera da gravidade oposta.

Sudoeste

Ao homem que navega,
cantam dois pássaros.
Sobrevoam sem forma:
estas linhas brilhantes

não são horizontes.
Estes pés não nadam,
a pele guarda formigas
barro grama vinho

e um abismo de fogo
elidido só por tabaco.
A ilha se anuncia:
nosso porto arrebenta

na suspensão do mar.
O branco embebe olhos
e são cegos os sóis
a queimar o sal e o suor.

Voo rasteiro

É possível, claro, optar
pelas coisas claras,
pelas portas sem dobradiças,
pelos quartos sem divisórias

pelos cabelos bem presos.
Precisos, uma descrição,
uma somatória de dados,
roupas bem passadas.

Mas como explicar a hora
em que um pássaro cai
em nosso colo e se perde
um par dos sapatos?

Deve ser a aprendizagem
tardia dos mágicos. Andar
apenas com um só sapato,
como um saci que oscila

entre os pés firmes no chão.
Andar sem um sapato
talvez se equipare a voos
curtos e aos anjos caídos.

Aqui, o gesto de equilíbrio
é apenas possível agora,
em que se firma na força
das invenções sem nome.

Vizinhança

A palavra interdita floresce:
aqui esperaremos quietos
e inebriados pelo perdido.
Onde se guarda o porto

no dedo que carrega água?
Atravessam-nos cenários:
a porta aberta, o olho cego,
quatro apertos de mãos

enquanto o nome é cinza.
Não cantaremos à noite:
nosso cansaço tem pares
no asfalto gasto por grama.

Uma canção de amor

Como é estranha esta canção
de amor. Não fala de rosas,
bilhetes, bombons, mãos
dadas. Não canta ternura,

nomeia gente com nomes
de pássaros ou outras coisas
vivas e delicadas. Esta canção
sequer aguarda dobrada

em um papelzinho cuidadoso
no bolso de alguém cuja voz
seja sempre um ato corajoso.
Uma voz firme que cante

em praças públicas, a plateias
desatentas e desinteressadas
em falar de amor. Esta canção
talvez seja o desinteresse

em tentar falarmos de amor.
Não fazemos grandes versos,
ou canções de pó e batalhas,
porque ainda não sabemos.

Entretanto, quando a luz abaixa
dizemos baixinho: há estrelas
que não se dependuram no céu.
No limite dos corpos, a sede

não se sacia. Há um mistério
sem forma e um desenho
que traçamos torto com dedos
embaralhados, peças pequenas

dispostas sobre este chão
coberto de poeira, brita, poças.
No meio da rua, escavamos
um pequeno alicerce, a casa

cujas vigas têm a rigidez
dos nós dos nossos cabelos,
nunca atados com propósito,
não desfeitos por escolha.

EDITORAMOINHOS.COM.BR

Este livro foi composto Adobe Garamond Pro, enquanto Jorge Ben Jor cantava *Taj Mahal*, em outubro de 2017, para a Editora Moinhos.